CATALOGUE
DES LIVRES

d'Histoire, Voyages, Littérature, etc.,

COMPOSANT LA BIBLIOTHÈQUE

de feu M. Hyacinthe AUDIFFRET,

ATTACHÉ AU CABINET DES MANUSCRITS DE LA BIBLIOTHÈQUE NATIONALE,

ANCIEN MEMBRE DE LA SOCIÉTÉ ASIATIQUE DE PARIS,

Et de plusieurs autres Sociétés savantes,

DONT LA VENTE AURA LIEU

Les Lundi 21, Mardi 22, Mercredi 23 et Jeudi 24 Mai 1849,

à 6 heures du soir,

EN SON DOMICILE,

RUE MIROMESNIL, N° 23,

FAUBOURG SAINT-HONORÉ.

Il y aura Exposition chaque jour de 2 à 5 heures.

La Vente aura lieu par le ministère de

M^e CH. LANGLOIS, Commissaire-Priseur,

rue Saint-Honoré, 345,

Chez lequel se distribue le présent Catalogue.

PARIS, 1849

CONDITIONS DE LA VENTE.

La vente aura lieu expressément au comptant.

Les acquéreurs paieront, en sus du prix d'adjudication, cinq centimes par franc, applicables aux frais.

Tous les ouvrages devront être collationnés dans la salle de vente, et dans les vingt-quatre heures de l'adjudication.

Les articles au-dessous de 10 fr. ne seront repris pour aucun défaut.

On pourra voir les livres le matin de chaque vacation, depuis deux heures jusqu'à cinq.

On vendra, au commencement de chaque séance, plusieurs lots de livres et brochures qui n'ont pu être catalogués.

Il sera joint à la dernière vacation une certaine quantité d'autographes, la plupart des personnages du siècle de Louis XIV, et une quarantaine de partitions, comprises sous le n° 38 du catalogue.

CATALOGUE

DE LA

BIBLIOTHÈQUE DE FEU M. AUDIFFRET.

———— ✠ ————

THÉOLOGIE ET JURISPRUDENCE.

1. Annotationes Jo. Bugenhagi Pomerani in Epistolas Pauli. Nurembergæ, 1525, in-12, cart.
2. Cœlii, secundi curionis, pro vera et antiqua ecclesiæ Christi auctoritate, in Antonium Flore bellum mutinensem oratio. Basilæ, in-18, cart.
3. Réponse d'un gentilhomme françois à l'advertissement des catholicques anglois, en laquelle il traitte la question si pour chasser l'hérésie il faut tuer les héréticques et leur faire la guerre. 1587, in-12, br.
4. Des Sociétés secrètes en Allemagne et en d'autres contrées. Paris, 1819, in-8, br.
5. Code noir, concernant les esclaves nègres de l'Amérique. Paris, 1743, in-32, v.

SCIENCES ET ARTS.

Philosophie. — Morale. — Politique. — Commerce. — Mathématiques. Médecine. — Beaux-Arts.

6. Essai de Palingénésie sociale, par Ballanche. Paris, Didot, 1827, 2 vol. in-8, br., pap. vél.
7. Raison, folie, chacun son mot, petit cours de morale, par Lemontey. Paris, 1801, in-8, bas.
8. Pensées morales de divers auteurs chinois, tr. du latin et du russe, par Levesque. Genève, 1784, in-18, br.
9. Entretiens de Phocion sur la morale et la politique, trad. du grec de Nicoclès par Mably, avec la vie de Phocion par Plutarque, trad. d'Amyot. Paris, Didot jeune, an III, in-fol., d.-rel., pap. vél., fig. de Moreau.
10. Esprit de Mably et de Condillac, relativement à la morale et à la politique, par Bérenger. Paris, 1789, 2 vol. in-8, bas.

11. Les Préceptes de la vie civile, mis en distiques latins, attribués à Caton et trad. en vers français par l'abbé Salmon. Paris, 1752, in-18, v.

12. Gulistan, ou l'Empire des Roses, traité des mœurs des rois, trad. du persan de Musladini Saadi, par d'Alègre. Paris, 1737, in-12, v.

13. Commentaires polit. et hist. sur le Traité du Prince de Machiavel et l'Anti-Machiavel de Frédéric II, par le marquis de Bouillé. Paris, 1827, in-8, br.

14. Le Politique du temps, traitant de la puissance, autorité et devoir des princes. Paris, 1650, in-18, d.-rel.

15. Aphorismes politiques, par Harrington. Paris, an III, in-18, bas.

16. Politique de tous les cabinets de l'Europe sous Louis XV et Louis XVI, par de Ségur aîné. Paris, 1801, 3 vol. in-8, v.

17. Des Juifs au 19e siècle, par Bail. Paris, 1816, in-8, br.

18. Des Lettres de cachet et des prisons d'État, ouvrage attribué à Mirabeau. Hambourg, 1784, in-8, d.-rel.

19. La France plus qu'anglaise (ouvrage politique), par Linguet. Bruxelles, 1788, in-8, br.

20. Réflexions sur les moyens propres à consolider l'ordre constitutionnel en France, par Xavier de Sade. Paris, 1822, in-8, br.

21. Histoire philosophique et politique des établissements et du commerce des Européens dans les deux Indes, par Raynal. Paris, 1783, 10 vol. in-8, d.-rel., fig. et un atlas in-4, bas. — Analyse de cet ouvrage, par Bernard. Paris, 1775, in-8, v.

22. Lettres politiques, commerciales et littéraires sur l'Inde, par Taylor, trad. de l'angl. Paris, 1801, in-8, v.

23. Traité sur le commerce de la Mer Noire, par Peyssonel. Paris, 1787, 2 tom. en 1 vol. in-8, d.-rel.

24. Histoire raisonnée du commerce de la Russie, par Scherer. Paris, 1788, 2 tom. en 1 vol. in-8, d.-rel.

25. Traité complet du Calendrier, par Le Boyer. Nantes, 1822, in-8, br.

26. Statique de la guerre, ou Principes de stratégie et de tactique, par Reveroni-Saint-Cyr. Paris, 1826, in-8, br.

27. De la Tydologie, ou de la Science des marées, par le chevalier de Sade. Londres, 1810, 2 vol. in-8, br.

28. Aphorismes d'Hippocrate, trad. par L. de Villebrune. Paris, 1786, in-18, bas.

29. De la Santé des gens de lettres. — Des Maladies des gens du monde. — Avis au peuple sur sa santé. — Trois ouvrages par Tissot, 4 vol. in-12, reliés.

30. Traité des maladies des enfants, par Underwood. Paris, 1786, in-8, parch.

31. Dictionnaire portatif de santé, par Vandermonde. Paris, 1777, 3 vol. in-12, bas.

32. La Médecine sans le médecin, par Audin-Rouvière. Paris, 1829, in-8, d.-rel.

33. Politique du médecin de Machiavel, par La Mettrie. Paris, 1746, in-12, v.

34. Le nouveau Vignole, ou Règle des cinq ordres d'architecture, par Barozzio. Paris, 1755, in-4, d.-rel. — Traité de peinture et de sculpture, par Dandré-Bardon. Paris, 1765, 2 vol. in-12, v.

35. Mémoires sur la musique des Chinois, par Amiot, avec des notes par Roussier. Paris, 1779, in-4, bas.

36. Mémoires pour servir à l'histoire de la révolution opérée dans la musique, par le chevalier Gluck. Paris, 1781, in-8, bas.

37. Mémoires ou Essais sur la musique, par Grétry, avec portrait et lettre autographe. Paris, 1797, 3 vol. in-8, d.-rel.

38. Partitions d'opéras à grand orchestre, par Berton, Blaise, Boïeldieu, Dalayrac, Duny, Gluck, Grétry, Martini, Monsigny, Mozart, Païsiello, Philidor, Piccini, Sacchini. (En tout, 39 partitions.)

39. La Danse ancienne et moderne, par de Cahuzac. La Haye, 1754, in-18, d.-rel. — Lettre sur la danse et les ballets, par Noverre. Stutgard, 1760, in-12, d.-rel.

40. De l'Art de la comédie, par Cailhava. Paris, 1786, 2 vol, in-8, v., fil.

BELLES-LETTRES.

Grammaires et Dictionnaires.

41. Éléments de la langue romane avant l'an 1000. — Grammaire romane, ou Grammaire de la langue des troubadours. — Recherches sur l'ancienneté de la langue romane. — Trois ouvrages par Raynouard. Paris, Firmin Didot, 1816, in-8, v., nerfs, fil. Avec lettre autographe de l'auteur.

42. Œuvres de Dumarsais. Paris, an VIII, 5 tom. en 3 vol. in-18, v., rac.

43. Grammaire de la langue arabe, par Savary. Paris, Impr. roy., 1813, in-4, d.-rel.

44. Vocabulaire géorgien-français et français-géorgien, par J. Klaproth. Paris, 1827, gr. in-8, d.-rel.

45. Essai sur le pali, avec la notice des manuscrits palis de la Biblioth. roy., par E. Burnouf et Ch. Lassen. Paris, 1826, gr. in-8, d.-rel.

46. Grammaire japonaise, par le P. Rodriguez, trad. du portugais par Landresse, précédée d'éclaircissements par Abel Rémusat.— Supplément à cet ouvrage, tiré de la Grammaire japonaise du P. Oyanguren, avec notice par le baron de Humboldt. — Deux ouvrages. Paris, 1825 et 1826, in-8, d.-rel.

47. Recherches sur les langues tartares, par Abel Rémusat. Paris, Impr. roy., 1820, in-4, d.-rel. (Tome Ier, le seul publié.)

48. Grammaires et Dictionnaires des langues allemande, anglaise, italienne et espagnole. En tout, 6 vol. de divers formats, reliés.

Introductions à l'Étude de l'Éloquence et de la Poésie.

49. Principes de littérature, par l'abbé Le Batteux. Lyon, 1800, 6 tom. en 3 vol. in-12, v. éc.

50. Poétique française, par Marmontel. Liége, 1777, 2 vol. in-8, v. éc., fil.

51. Jupiter, son culte et les monuments qui le représentent, suivi d'un Essai sur l'esprit de la religion grecque.— Vulcain, recherches sur ce dieu, etc.— Deux ouvrages par Éméric David. Paris, Impr. roy., 1833 et 1838, 2 vol. in-8, d.-rel.

52. Histoire de la Poésie française jusqu'à François Ier, par l'abbé Massieu. Paris, 1739, in-12, v.

Poëtes Latins, Grecs et Étrangers

53. Ovide, œuvres diverses, trad. par de Saint-Ange, Pirault-Deschaumes et de Boisgelin. Paris, 1823-1824, 10 vol. in-12, d.-rel.

54. Virgile, l'Énéide, trad. en prose, avec le texte en regard, par Mollevaut. Paris, 1818, 4 vol. in-18, br.— Les Bucoliques, trad. en vers français, par de Langeac. Paris, 1819, in-18, br.

55. La Pharsale de Lucain, trad. par Marmontel. Liége, 1777, 2 vol. in-8, v., éc., fil.

56. Le même ouvrage, trad. par Brébeuf. Rouen, 1663, in-12, v., fil.

57. Fables de Phèdre, trad. en vers blancs italiens. Paris, 1783, in-12, v., fil.

58. Fables de Phèdre, trad. en français avec texte en regard (trad. de Port-Royal retouchée). Paris, P. Didot, 2 tom. en 1 vol. in-12, d.-rel., pap. vél., fig.

59. Desbillons, Fabulæ Æsopiæ. Parisiis, 1778, in-12, v.

60. Favole Esopiane in versi, di Luigi Grillo. Parigi, 1789, in-18, br.

61. Les cinq fabulistes, ou les 300 fables d'Esope, de Lokman,

de Philelphe, de Gabrias et d'Aviénus. Paris, 1802, 2 vol. in-12, mar., dent., tr. dor.

62. Centuria di Favole di Bazilio Grazioso. Torino, 1780, in-18, bas.

63. Poesie del signor abbate Pietro Metastasio. Parigi, 1773-1783, 8 vol. in-18, v., fil., tr. dor.

64. Il Pulice di Gio. Antonio Moschetti. Venetia, 1625, in-18, cart.

65. Œuvres choisies de Pétrarque, trad. du latin et de l'italien, avec des mémoires sur sa vie. Amsterdam, 1764, 3 vol. in-4, bas.

66. Aminta, favola Boscareccia, di Torquato Tasso. Paris, 1745, in-18, v.

67. Favole et Novelle del dottore Lorenzi Pignotti. Nizza, 1787, in-12, cart.

68. Fables par Yriarte, trad. de l'espagnol. Paris, 1804, in-12, bas.

69. La Lusiade, poème par Le Camoens, trad. du portugais. Paris, 1776, in-8, bas., fig.

70. Fables russes, imitées en vers français et italiens, par divers auteurs. Paris, 1825, 2 tom. en 1 vol. in 8, d.-rel.

71. Fables par Lichtwehr, trad. de l'allemand par Pfeffel. Strasbourg, 1763, in-12, v.

72. Fables par Lokman, trad. de l'arabe par Marcel. Paris, Impr. nat., 1803, in-18, mar., dent., tr. dor.

73. Contes, fables et sentences, tirés de différents auteurs arabes et persans, par Langlès. Paris, 1788, in-18, d.-rel.

74. Fables par Vartan, trad. de l'arménien par Saint-Martin. Paris, 1825, in-8, d.-rel. (On y a joint un ouvrage du traducteur, intitulé : Recherches sur la Mésène et la Characène. Paris, 1838.)

Poëtes Français.

75. Almanach des Muses, années 1765 à 1829, 64 vol. in-18, dont un en d.-rel., 2 broch., 8 rel. en veau et les autres cartonnés.

76. Nouvel Almanach des Muses, années 1802 à 1813. Paris, 12 vol. in-18, br.

77. Almanach littéraire, choix de pièces en prose et en vers, par Lucas de Rochemont. Paris, 1802 à 1804, 3 vol. in-18, d.-rel.

78. Le Caveau moderne. — Choix des dîners du vaudeville, deux recueils de chansons. Paris, 1807 à 1814, 10 vol. in-18, d.-rel.

79. Etrennes de Polymnie, recueil de romances, etc. Paris, 1785 à 1788, 4 vol. in-32, v., fil., tr. dor.

80. La Pucelle d'Orléans, poème, par Voltaire. Paris, Didot jeune, an III, 2 vol. in-fol. non rog., cart., fig.

81. Œuvres complètes de Bernard. Paris, 1803, 4 vol., in-18, br.

82. Œuvres diverses de Lefranc de Pompignan. Paris, 1753, 3 vol. in-18, bas , fil.

83. La Navigation, poème, par Esménard. Paris, 1806, in-8, bas., fil.

84. Achille à Scyros, poème, par Luce de Lancival. Paris, 1807, in-8, br.

85. Philippe-Auguste, poème, par Parseval. Paris, 1826, in-8, br.

86. Œuvres choisies de Piis. Paris, 1810, 3 tom. en 2 vol. in-8, d.-rel. Avec lettre autographe de l'auteur.

87. Poèmes, contes, apologues et autres poésies, par Altaroche, Berchoux, Blin de Sainmore, Brazier, Cailly, Capelle, Charlemagne, Clédon, Coupigny, Dangeau, Daumier, Delille, Désaugiers, Dutramblay, A. Gouffé, Imbert, Mᵐᵉ Joliveau, Lablée, Géraud, Lantier, Lemierre, C. Morin, Félix Nogaret, Piis, Pons de Verdun, Quenard, Robbé, Saint-Gilles, Théveneau, de La Touche, Vasselier, Vergier, Voltaire, etc., etc

88. Recueils de fables, par d'Ardenne, Arnault, Barbe, Bérenger, Boullenger, Bret, Coupé de Saint-Donat, Didot, Ducoudray, Duhamel, d'Erbigny, Féraudy, Fonvielle, Formage, Fumars, Ganeau, Ginguené, Gosse, Grenus, Grozelier, Guichard, Jauffret, Labiche, Ladoucette, Laboutraye, Lafermière, Lebailly, Lebrun, Lemonnier, Mancini-Nivernais, Mollevant, F. de Neufchâteau, Pagès, Pesselier, Reyre, Richer, Rigaud, baron Roger, Saint-Marcel, de Stassart, Soubeyras, Vitallis, etc., etc.

89. Fables inédites des 12ᵉ, 13ᵉ et 14ᵉ siècles, rapprochées de celles de Lafontaine, où sont traités les mêmes sujets, précédées d'une notice sur les fabulistes, par Robert. Paris, Rignoux, 1825, 2 vol. in-8, bas., portrait, fac-simile, et 90 grav. d'après les dessins du temps.

Art dramatique.

90. Essais historiques sur l'Art dramatique en France. Paris, 1791, 3 vol. in-18, br.

91. { Parallèle des tragiques grecs et français. Lyon, 1760, in-12, v. m.

De la Réformation du théâtre, par Louis Riccoboni. Paris, 1743, in-12, v.

92. Commentaires sur le théâtre de Voltaire, par Lepan. Paris, 1826, 2 vol. in-8, d.-rel.

93. Esprit des tragédies et tragi-comédies jouées de 1630 à 1761, par Roland. Paris, 1762, 3 vol. in 12, v.

94. Histoire de l'ancien théâtre italien, par les frères Parfait. Pa-

ris, 1753, in-12, v. — Annales de ce théâtre, par d'Origny. Paris, an VII, in-8, bas.

95. Bibliothèque du théâtre français. Dresde, 1768, 3 vol. in-12, v.

96. Histoire du théâtre de l'Opéra-Comique, par Desboulmiers.— Histoire des théâtres de Paris, par d'Argé et Brazier. — Dictionnaire historique et littéraire des théâtres, par Léris. — Mémorial dramatique, et autres ouvrages sur les spectacles.

Auteurs dramatiques.

97. Publii Terentii comœdiæ expurgatæ, interpretatione ac notis illustravit Josephus Juvencius. Paris, 1805, in-12, cart.

98. Théâtre tragique de Soumarocow, trad. du russe par Pappadopoulo. Paris, 1801, 2 tom. en 1 vol. in-8, bas., fig.

99. Le nouveau Théâtre anglais. Londres, 1767, et Paris, 1769, 4 vol. in-12, v. — Choix de petites pièces du théâtre anglais. Londres, 1756, in-12, v.

100. Scelta di alcune commedie, par Goldoni. Paris, 1818, in-12, v., fil.

101. Théâtre français et italien. Paris, 1758, 2 vol. in-8, v.

102. Théâtre espagnol. Amsterdam, 1738, in-12, v.

103. Théâtre chinois, trad. sur le texte original, par Bazin. Paris, 1838, Impr. roy., in-8, d.-rel.

104. Tchao-chi-kou-eul, ou l'Orphelin de la Chine, drame, suivi de nouvelles et de poésies chinoises, trad. par Stanislas Julien. Paris, 1834, in-8, d.-rel.

105. Chefs-d'Œuvre du théâtre indien, trad. du sanscrit en anglais par H. Wilson, et de l'anglais en français par A. Langlois. Paris, 1828, 2 vol. in 8, d.-rel.

106. La Reconnaissance de Sacountala, drame sanscrit et pracrit, de Calidasa, trad. par Chézy. Paris, 1832, in-8, d.-rel.

107. Œuvres d'A. V. Arnault, Paris, 1824, 3 vol. in-8, d.-rel.

108. Œuvres de Crébillon. Paris, Didot jeune, 1797, 2 vol. gr. in-8, v., porph., fil., pap. vél., portrait et fig. d'après Moreau jeune.

109. Théâtre de Dancourt. Paris, 1760, 12 vol. in-18, v.

110. Théâtre de Destouches. Paris, 1811, 6 vol. in-8, d.-rel., portr. et fig.

111. Théâtre de Lesage. Paris, 1810, 4 vol. in-8, br., fig.

112. Théâtre de Picard. Paris, 1812, 1821 et 1832, 9 vol. in-8, d.-rel.

113. Œuvres dramatiques de d'Allainval, Anseaume, Arnaud, Autreau, Mlle Barbier, Baron, de Belloy, Boursault, Boutillier, Bret,

Brueys, Cailhava, Campistron, Carmontelle, Th. Corneille, Cré-
billon, Cubières, Dalban, Delaville Mirmont, Lantier, de Rozoy,
Desroy, Destouches, Diderot, Dumolard, Fagan, Favart, Florian,
Gosse, Mme de Gouges, Gresset, Guyot de Merville, Hauteroche,
Mme d'Hautpoul, d'Hèle, Houdard de Lamotte, Joly, Lachaussée,
Ladrevetière, L'Affichard, Lafosse, Lagrange, Lassalle, Laujon,
Legrand, Lefèvre, Lemierre, Lepreux, Lesage, Longepierre,
Mague Saint-Aubin, Marivaux, Marmontel, Montfleury, de la
Noue, Panard, Pieyre, Pigault-Lebrun, Poisson, Pradon, Qui-
nault, Regnard, Riboutté, Rochon de Chabannes, Royou, Sauvé,
Scarron, Voisenon, Voltaire, Watelet, etc., etc. — Environ 170
volumes, formats divers, sans compter un grand nombre de pièces
de théâtre brochées.

Épistolaires, Romans, Polygraphes, etc.

114. C. Plinii Cœcilii secundi epistolæ et Panegyricus. Parisiis,
1749, in-18, v., fil.

115. Lettres du baron de Busbec sur la France et sur la Turquie,
trad par de Foy. Paris, 1748, 3 vol. in-12, v.

116. Télémaque, par Fénélon. Paris, Didot, 1790, 2 vol. gr. in-8,
v. nerfs, fil., pap. vél., 54 fig. de Cochin, Marillier, etc.

117. Les voyages de Sindbad le marin, et la ruse des femmes, contes arabes, traduction littérale avec texte, par Langlès. Paris,
1814, in-18, br.

118. OEuvres de Condillac. Paris, 1798, 23 vol. in-8, d.-rel.,
non rognés.

119. OEuvres de Boulanger, 1791, 10 vol. in-18, bas.

120. OEuvres de Ch. d'Outrepont. Paris, 1825 à 1831, 3 vol. in-8,
d.-rel.

HISTOIRE.

Géographie.

121. Pomponii Melæ de situ orbis libri tres. Argentorati, 1809,
in-8, v. fil.

122. Géographie ancienne, abrégée, par d'Anville. Paris, 1783,
3 vol. in-12, bas., fil., cartes.

123. Géographie universelle, par Busching, tr. de l'allem. Strasbourg, 1785, 16 vol. in-12, v. — Introduction à la connaissance
polit. et géog. de l'Europe, par le même. Strasbourg, 1779,
in-12, cart.

124. Géographie moderne : 3 ouvrages par Nicolle de la Croix,

Gibrat et Guthrie. Paris, 1758, 1778 et 1805, 4 vol. in-12 ou in-8, reliés.

125. Abrégés de la géographie de l'Espagne et du Portugal, par Masson de Morvilliers. Paris, 1774 et 1776, 2 vol. in-12, v.

Voyages autour du Monde et collection de Voyages.

126. Premier voyage autour du monde, par Pigafetta. Paris, 1801, in-8, v., rac., fil., cartes et fig.

127. Voyage autour du monde et vers les deux pôles, par Pagès. Paris, 1782, 2 vol. in-8, bas., cartes et fig.

128. Journal d'un voyage autour du monde, de 1768 à 1771, tr. de l'angl. par de Fréville. Paris, 1773, in-12, v., fil.

129. Histoire des découvertes et des voyages faits dans le Nord, par Forster, trad. par Broussonnet. Paris, 1788, 2 vol. in-8, v. fil.

Voyages en différentes parties du Monde.

130. Voyage d'Italie et de Hollande, par l'abbé Coyer. Paris, 1775, 2 vol. in-12, v. marb.

131. Relation d'un voyage du chevalier de Bellerive, d'Espagne à Bender, et de son séjour au camp du roi de Suède. Paris, 1713, in-12, v. br.

132. Voyages de J. Mocquet en Afrique, Asie, Indes-Orientales, etc. Paris, 1830, in-8, d.-rel.

133. Voyages de Jean Struys en Moscovie, en Tartarie, en Perse, aux Indes, etc. Amsterdam, 1718, 3 vol. in-12, v., br., fig.

134. Voyages en Asie et en Afrique, trad. de l'angl. de J. Ovington, par le P. Nicéron. Paris, 1725, 2 vol. in-12, v., br.

135. Voyages d'un missionnaire de la Compagnie de Jésus, en Turquie, en Perse, etc., par le P. Villotte. Paris, 1730, in-12, v. marb.

136. Lettres de lady Montague, écrites pendant ses voyages, tr. de l'angl. Paris, 1783, in-12, v. marb.

137. Voyage de Saint-Pétersbourg, en Asie, à Pékin, Ispahan, etc., tr. de l'angl. de Jean Bell d'Antermony. Paris, 1766, 3 vol. in-12, d.-rel.

138. Œuvres complètes de Poivre. Paris, 1797, in-8, v. rac. dent.

139. Voyages en Sicile, en Grèce et au Levant, par de Riedesel, suivis de l'Histoire de la Sicile, par Le Novaïri. Paris, 1802, in-8, d.-rel.

140. Voyages de Makintosh en Europe, en Asie et en Afrique, suivis

des Voyages de Capper aux Indes et en Egypte. Londres, 1786, 2 vol. in-8, d.-rel., cartes.

141. Voyage du Malabar à Constantinople, fait en 1817 par William Heude. Paris, 1820, in-8, d.-rel., cartes et fig. col.

142. Lettres sur Constantinople, par l'abbé Sévin, suivies de diverses pièces sur l'Orient, par Peyssonnel, Anquetil, Beschi, etc. Paris, 1802, in-8, d.-rel.

143. Voyage à Constantinople, en Italie et aux îles de l'Archipel, par de Salaberry. Paris, an VII, in-8, v.

144. Voyages du prince persan Mirza Aboul Taleb Khan en Asie, en Afrique et en Europe, écrits par lui-même et publiés par Ch. Malo. Paris, 1819, in-8, br.

145. Voyages de Valentia dans l'Indoustan, en Abyssinie, en Egypte, etc., trad. de l'angl. par Henri. Paris, 1813, 4 vol. in-8, d.-rel., cartes et fig.

Voyages en France et autres états de l'Europe.

146. Voyage d'Arthur Young en France, trad. de l'angl. par Soulès. Paris, 1793, 3 vol. in-8, bas.

147. Voyage fait dans les départements réunis. Paris, 1803, 2 tom. en 1 vol. in-18, bas.

148. Voyage à Baréges, par Dusaulx. Paris, 1796, Didot jeune, 2 tom. 1 vol. in-8, d.-rel., pap. vél.

149. Lettres sur la Suisse, suivies d'un Voyage à Chamouny et au Simplon. Paris, 1822, in-8, cart.

150. Voyage d'Italie. La Haye, 1702, 3 vol. in-12, v. br., fig.

151. Voyage d'Arthur Young en Italie, tr. de l'angl. par Soulès. Paris, 1796, in-8, bas.

152. Forestiero illuminato intorno le cose più rare e curiose antiche et moderne della citta di Venezzia. Venise, 1772, gr. in-18, v. fil., fig.

153. Description de l'île de Sicile, par Callejo y Angulo, suivi d'un Mémoire par Agatin Apart. Amsterdam, 1734, in-8, v. br.

154. Description hist. et géogr. de Messine, et détails sur son tremblement de terre. Paris, 1783, in-4, bas., cartes.

155. Voyage de Brydone en Sicile et à Malte, tr. de l'angl. par de Meunier. Amsterdam, 1775, in-8, rel.

156. Voyage en Sicile, par Denon. Paris, 1788, in-8, v. fil.

157. Voyage en Espagne, en 1797 et 1798, par Fischer, tr. par Cramer. Paris, 1801, 2 tom. 1 vol. in-8, d.-rel., fig.

158. Voyage en Espagne, par Delangle. Paris, 1803, in-8, d.-rel.

58.bis. Voyage en Espagne, par Peyron. Londres, 1782, 2 vol. in-8, v. fauve.

59. Voyage en Espagne et en Portugal, en 1774, par W. Dalrymple, avec une relation de l'expédition des Espagnols contre les Algériens, en 1775. Paris, 1783, in-8, bas.

60. Voyage en Espagne, par Swinburne, tr. de l'angl. par de la Borde. Paris, 1787, in-8, bas.

61. Voyage en Espagne, par Townsend, tr. de l'angl. par Pictet Mollet. Paris, 1809, 3 vol. in-8, et un atlas in-4, bas.

62. Voyage en Espagne, en 1798, par de Fonvielle. Paris, 1823, in-8, br.

63. Itinéraire descriptif de l'Espagne, par Alex. de La Borde. Paris, 1809, 2 vol. in-8, bas. fil.

64. Voyage en Portugal. Paris, 1798, in-8, v. rac. dent.

65. Voyage de Link en Portugal, tr. de l'allemand. Paris, 1803, in-8, rel.

66. Voyage philosophique d'Angleterre, par de La Coste. Londres, 1786, in-8, d.-rel.

67. Voyage en Allemagne, Danemarck, Suède, etc., par de Fortia de Piles. Paris, 1796, 5 vol. in-8, bas.

168. Voyage de Clarke en Russie, en Tartarie et en Turquie, trad. de l'angl. par de Laubespin. Paris, 1812, 2 vol. in-8, bas., fil., cartes.

169. Voyage au cap Nord, par J. Acerbi, tr. de l'angl. par Lavallée. Paris, 1801, 3 vol. in-8, br., et un atlas in-4.

170. Voyage de Coxe en Pologne, Russie, Suède, etc., trad. de l'angl. par Mallet. Genève, 1786, 4 vol. in-8, bas., cartes et fig.

171. Lettres sur la Russie, par le comte Algarotti, tr. de l'italien. Paris, 1769, in-12, br.

Voyages en Dalmatie, Grèce, Turquie, Asie mineure, Syrie, Arabie, Egypte, etc.

172. Voyage en Dalmatie, par de Fortis, tr. de l'italien. Berne, 1778, 2 tom. 1 vol. in-8, d.-rel., fig.

173. Voyage de G. Wheler en Dalmatie, en Grèce et au Levant, tr. de l'angl. Amsterdam, 1689, 2 vol. in-12, v. fauve, fil. fig.

174. Voyage d'Italie, de Dalmatie, de Grèce et du Levant, par J. Spon et Wheler. Lyon, 1678, 3 vol. in-12, v. br.

175. Voyage dans les îles et possessions ci-devant vénitiennes du Levant, par Grosset-Saint-Sauveur. Paris, an VIII, 3 vol. in-8, bas.

176. Voyage en Morée et autres parties de l'empire ottoman, par Pouqueville. Paris, 1805, 2 vol. in-8, bas., cartes et fig.

177. Lettres sur la Morée et les îles de Cérigo, Hydra et Zante, par Castellan. Paris, 1808, 2 vol. in-8, d.-rel., fig.

178. Voyages de Brown en Hongrie, Macédoine, Styrie, etc. Paris, 1674, pet. in-4, v. fil., fig.

179. Tableau de la Valachie et de la Moldavie, tr. de l'angl. de Wilkinson, par de la Roquette. Paris, 1824. — Voyage en Valachie et en Moldavie, tr. de l'italien par Lejeune. Paris, 1822. — Deux ouvrages, 1 vol. in-8, d.-rel.

180. Voyage au Levant, par de Forbin. Paris, imp. royale, 1819, in-8, d.-rel.

181. Voyage au Levant, par Paul Lucas. Paris, 1704, vol. in-12, v.

182. Idem.   id.,   par Tournefort. Lyon, 1717, 3 vol. in-8, v. marb., fig.

183. Tableau général de l'empire ottoman, comprenant la Législation mahométane, par Mouradgia d'Ohsson. Paris, 1791, 5 vol. in-8, br., fig.

184. Voyage de milady Craven en Crimée et à Constantinople. Paris, 1794, in-18, bas., fil.

185. Constantinople, ancienne et moderne, et description de la Troade et de l'Archipel, tr. de l'angl. de Dallavay, par A. Morellet. Paris, an VII, 2 vol. in-8, d. -rel.

186. Etat actuel de l'empire ottoman, tr. de l'angl. d'Elias Abesci, par Fontanelle. Paris, 1792, 2 vol. in-8, d.-rel.

187. Tableau de la Turquie, tr. de l'italien par Michel Lefèvre. Paris, 1688, in-4, v. br.

188. Voyage en Turquie, par Walsh, tr. de l'angl. par H. Vilmain et E. Rives. Paris, 1828, in-8, d.-rel., fig.

189. Voyage en Turquie et en Perse, par Otter. Paris, 1748, 2 vol. in-12, v. marb.

190. Voyage de Constantinople à Bassora, par Sestini, tr. de l'italien par de Fleury. Paris, an VI, in-8, br.

191. Voyage en Turcomanie et à Khiva, tr. du russe de Mouraviev, par Delaveau, revue par Eyriès et Klaproth. Paris, 1823, in-8, br.

192. Itinéraire d'une partie de l'Asie mineure, par A. Corancez. Paris, 1816, in-8, v. marb., fil.

193. Mémoires sur les Turcs et les Tartares, par le baron de Toll. Amsterdam, 1785, 2 vol. in-8, bas.

194. Voyage d'Olivier en Turquie, Egypte et Perse. Paris, an IX, 6 vol. in-8, et un atlas in-f°, bas.

195. Voyages du comte de Ferrières Sauvebœuf, en Turquie, en Perse et en Arabie. Paris, 1790, 2 vol. in-8, d.-rel.

196. Voyage d'Alep à Jérusalem, par H. Maundrell, tr. de l'angl. Orléans, 1706, in-12, v. br.

197. Voyages et histoire du Levant, par l'abbé Mariti. Neuwied, 1791, 2 vol. in—12, d.-rel.

198. Voyage en Syrie et en Egypte, par Volney. Paris, an vii, 2 vol. in—8, v., fil., fig.

199. Voyage en Galilée et en Judée, fait en 1817 par T. R. J., tr. de l'angl. par Aubert de Vitry. Paris, 1820, in-8, br., cart. et fig.

200. Voyage de la Propontide et du Pont-Euxin, par Lechevalier. Paris, 1800, in-8, v., fil. — Voyage dans la Troade, par le même. Paris, an vii, in-8, v. rac , fil.

201. Mémoires géog. et hist. sur l'Egypte et autres lieux, par Et. Quatremère. Paris, 1811, 2 vol. in-8, cart.

202. Lettres sur l'Egypte et sur la Grèce, par Savary. Paris, 1786 et 1788, 2 vol. in-8, d.-rel.

203. Voyages dans la Haute et Basse-Egypte, par Sonnini. Paris, an vii, 3 vol. in-8, bas., fil. et atlas in-4, br.

204. Voyages en Orient, Egypte, etc., par Richard Pockocke. Paris, 1772, 6 vol. in-12, v.

205. Relation des deux premiers voyages de l'Arabie heureuse, faits par les Français, par la mer Rouge, de 1708 à 1713. Paris, 1716, in-12, v. br.

206. Voyage fait par ordre de Louis XIV, en Palestine, chez les Arabes du désert, etc., avec la description générale de l'Arabie, tr. du latin d'Abulfeda, par D. L. R. — Paris, 1717, in-12, v. br.

207. Description de l'Arabie, par Niebuhr. Paris, 1779, 2 tom. en 1 vol. in-4, v. marb., fig.

Asie Septentrionale. Tartarie, Perse, Indostan, etc.

208. Voyage en Crimée et sur les bords de la mer Noire. — Description du Thibet, tr. de l'allemand par Reuilly. Paris, 1806 et 1808, in-8, d.-rel.

209. Voyages de Pallas en Russie et dans l'Asie septentrionale, tr. de l'allemand par de la Peyronie. — Paris, 1793, 5 vol. in-4 et atlas, in-f°, bas.

210. Journal historique du voyage de M. de Lesseps, depuis sa séparation d'avec Lapérouse au Kamtschatka. — Paris, Impr. royale, 1790, 2 vol. in-8, d.-rel.

211. Voyages dans les pays situés entre la mer Noire et la mer Caspienne, en Crimée et dans le sud de la Russie. Paris, 1798,

in 4, d.-rel. — On y a joint un mémoire sur la mer Caspienne, par d'Anville. Paris, 1777.

212. Noord en Oost Tartarye, door Nicolaes Witsen. Amsterdam, 1705, pet. in-f° de 860 pages, parch., cartes et fig.

213. Voyage chez les Kalmouks, tr. de l'allemand de Bergmann, par Moris. Châtillon-sur-Seine, 1825, in-8, br., planches.

214. Voyage d'Orenbourg à Boukhara, en 1820, par de Meyendorff, revue par Amédée Jaubert. — Paris, 1826, in-8, d.-rel., cart. et fig., col.

215. Voyages de Corneille Lebrun, par la Moscovie, en Perse, etc. Amsterdam, 1718, 2 vol. in-f°, v. br., fig.

216. Voyage des bouches de l'Indus à l'Euphrate, ou Journal de l'expédition d'Alexandre, par Néarque, tr. de l'angl. de W. Vincent, par Billecocq. Paris, Crapelet, an VIII, 3 vol. in-8, d.-rel.

217. Description de l'Indostan, par James Rennell, tr. de l'angl. par Bouchesèche. Paris, 1800, 3 vol. in-8, d -rel., cartes.

218. Voyage au mont Caucase et en Géorgie, par J. Klaproth. Paris, Impr. royale, 1823, 2 vol. in-8, d. rel., cart.

219. Etat présent de la Perse, par le P. Sanson. Paris, 1694, in-12, v. fauve.

220. Voyage en Perse, par le P. Pacifique. Paris, 1631, pet. in-4, cart.

221. L'ambassade en Perse de Silva Figueroa, tr. de l'espagnol par de Wicqfort. Paris, 1667, in-4, v. br.

222. Voyages de Texeira en Perse, tr. de l'espagnol. Paris, 1681, in-12, v. br.

223. Voyage en Perse, en 1817, par Kotzebue, tr. par Breton. Paris, 1819, fig., col. — Tableau du Caucase et des provinces limtrophes, par J. Klaproth. Paris, 1827. — Deux ouvrages en 1 vol. in-8, d.-rel.

224. Voyage en Arménie et en Perse, par Am. Jaubert. Paris, 1821, in-8, br.

225. Voyage en Perse, par Ad. Dupré. — Paris, 1819, 2 vol. in-8, d.-rel.

226. Voyage en Perse, etc., par Morier, tr. par Eyriès. Paris, 1813, 3 vol. in-8, br., et atlas in-4, obl., cart. — Second voyage, tr. par Perrin. Paris, 1818, 2 vol. in-8, d.-rel., fig., col.

227. Voyage en Perse, par Drouville. Paris, 1825, 2 vol. in-8, d.-rel., fig., col. — Lettres sur la Perse, par Tancoigne. Paris, 1819, 2 tom. en 1 vol. in-8, d.-rel., fig., col.

228. Voyage en Perse et aux Indes orientales, tr. de l'angl. de Herbert. — Révolution de Siam, en 1647, tr. du flamand de Van Vliet. — Paris, 1663, in-4, v. br.

229. Voyages en Perse, etc., tr. du persan et de l'angl. par Langlès. Paris, an VI, 2 vol. in-18, d.-rel., fig.

230. Voyage de F. Bernier au Mogol. Amsterdam, 1724. 2 vol. in-12, v. brun., fig.

231. Les six voyages de J.-B. Tavernier, en Turquie, en Perse et aux Indes. Rouen, 1713, 6 vol. in-12, v., cartes et fig.

232. Voyage au Levant, par Thévenot. Rouen, 1665, et Paris, 1774, 2 vol. in-4, v. br.

233. Voyage de Chardin en Perse. Amsterdam, 1711, 10 vol. in-12, v., fig. et cartes.

234. Journal du voyage de Chardin en Perse et aux Indes-Orientales. Londres, 1686, in f°, v., fig.

235. Voyage chez les Mahrattes, par Tone, tr. de l'angl. Paris, 1820, in-18, d.-rel.

236. Voyage de l'Inde à la Mekke, par Abdoul Kerym, tr. par Langlès. Paris, 1797, in-18, d.-rel.

237. Voyages aux Indes-Orientales, par Carre. Paris, 1669, in-18, d.-rel.

238. Voyage pittoresque de l'Inde, tr. de l'angl. de W. Hodges, par Langlès. Paris, 1805, 2 vol. in-18, v. fil., fig., col.

239. Voyage du Bengale à Pétersbourg, par G. Forster, tr. par Langlès. Paris, 1802, 3 vol. in-8, d.-rel.

240. Voyage dans l'Inde Britannique, par Thorn et Kinneir. Paris, 1818, in-8, cart.

241. Voyages de Pietro della Valle en Turquie, Perse, Indes-Orientales, etc. Paris, 1745, 8 vol. in-12, v.

242. Voyage d'Orient, par le P. Philippe, tr. du latin. Lyon, 1769, in-8, cart.

243. Voyages en diverses contrées de l'Orient, par Dourry Effendy, Petis de la Croix, Francklin, Abdoul Kerym et Gardane, in-8, cart.

Indes orientales, Chine, Japon, etc.

244. Les voyages adventureux de Fernand Mendez Pinto, tr. du portugais par Figuier. Paris, 1830, 3 vol. in-8, d.-rel.

245. Voyage aux Indes-Orientales, par Tombe. Paris, 1810, in-8, cuir de russie, fil.

246. Voyage aux Indes-Orientales, par Henri Grose, tr. de l'angl. par Hernandez. Paris, 1768, in-12, d.-rel.

247. Ambassade au Thibet et au Boutan, tr. de l'angl. de Samuel Turner, par Castéra. Paris, 1800, 2 vol. in-8, bas., avec atlas, br.

248. Voyage dans le Beloutchistan et le Sindhy, par H. Pottinger, tr. de l'angl. par Eyriès. Paris, 1818, 2 vol. in-8, d.-rel.

249. Anciennes relations de deux voyageurs mahométans aux Indes et en Chine, dans le 9ᵉ siècle, tr. de l'arabe, par Renaudot. Paris, 1718, in-8, v. fauve, fil.

250. Voyages faits par les Arabes et les Persans aux Indes et en Chine, dans le 9ᵉ siècle; texte arabe imprimé en 1811, par les soins de Langlès, publié avec traduction française, etc., par Reinaud. Paris, 1845, Impr. royale, 2 vol. in-18, d.-rel.

251. Voyage aux Indes-Orientales et à la Chine, par Sonnerat. Paris, 1782, 2 vol. in-4, v. marb., fig.

252. Relation de l'ambassade anglaise envoyée en 1795, dans le royaume d'Ava, tr. de Michel Symes, par Castéra. — Paris, 1800, 3 vol. in-8, v. fil., et un atlas in-4.

253. Description générale de la Chine, par l'ab. Grosier. Paris, 1787, 2 vol. in-8, bas., fig.

254. Voyage en Chine et en Tartarie, par lord Macartney, tr. par Castéra. Paris, an vii, 5 vol. in-8, v. éc., fil., fig.

255. Voyage en Chine et en Tartarie, par Holmes. Paris, 1805, 2 tom. en 1 vol. in-8, v., fig.

256. Etat actuel du Tunkin, de la Cochinchine, etc., par La Bissachère. Paris, 1812, 2 vol. in-8, d.-rel.

257. Voyages de Thunberg au Japon. Paris, 1796, 4 vol. in-8, bas., fil., fig.

258. Voyage de Stavorinus à Batavia, à Bantam, etc., tr. du hollandais par Jansen. Paris, 1798, in-8, bas.

259. Voyage à Ceylan, par Percival, tr. de l'angl. par Henry. Paris, 1803, 2 tom. en 1 vol. in-8, d.-rel., fig.

260. Voyage aux Moluques et à la Nouvelle-Guinée, par Forrest. Paris, 1780, in-4, v., fil.

Voyages en Afrique et en Amérique.

261. Description de l'Afrique, tr. du flamand d'O. Dapper. Amsterdam, 1686, in-f°, v. br., cartes et fig.

262. Relation de la capitivité du S. Mouette dans les royaumes de Fez et de Maroc. Paris, 1683, in-12, v. br.

263. Voyage dans les empires de Maroc et de Fez, par Lemprière. Paris, 1801, in-8, v., fil.

264. Voyage aux royaumes de Maroc et d'Alger, par Jean de la Faye. Paris, 1726, in-12, v. — Histoire du royaume d'Alger, par Laugier de Tassy. Amsterdam, 1725, in-12, v., fig.

265. Relation d'un séjour à Alger, par Pananti, tr. de l'italien en angl. et de l'angl. en français, par de la Salle. Paris, 1820, in-8, d.-rel.

266. Voyage à Tripoli (par Tully), tr. par Mac-Carthy. Paris, 1819, 2 vol. in-8, d.-rel., fig.

267. Voyage dans la Haute et la Basse-Egypte, par Vivant Denon. Paris, Didot, 1802, 3 vol. in-12, v.

268. Voyage dans la Haute et la Basse-Egypte, tr. de Brown, par Castéra. Paris, 1800, 2 vol. in-8, bas., fil., fig.

269. Relation d'un voyage fait en Egypte, par Vansleb. Paris, 1677, in-18, bas.

270. Voyage à Méroé et au fleuve Blanc, par Fr. Cailliaud. Paris, Impr. royale, 1826, 4 vol. in-8, br., cartes et fig., col.

271. Voyage dans l'intérieur de l'Afrique, par Mungo-Park, tr. par Castéra. Paris, an VIII, 2 vol. in-8, v., fil., fig. et cartes.

272. Voyage au pays de Dahomé, en Guinée, par R. Norris, tr. de l'angl. Paris, 1790, in 8, bas., fil.

273. Voyage au cap de Bonne-Espérance, par Sparrman, tr. par Letourneur. Paris, 1787, 3 vol. in-8, v., cartes et fig.

274. Voyage de J. Barrow, dans la partie méridionale de l'Afrique, tr. de l'angl. par Degrandpré. Paris, 1801, 2 vol. in-8, bas.

275. Voyage dans l'intérieur de l'Amérique septentrionale, par Mackenzie, tr. par Castéra. Paris, 1802, 3 vol. in-8, d.-rel.

Chronologie, Antiquités, Histoire universelle, ancienne et moderne.

276. Essai sur l'explication d'un Tessère antique et conjectures sur l'Ere de la ville de Beryte, par Allier de Hauteroche. Paris, 1820, Didot, in-4, cart., pap. vél.

277. Monuments orientaux du Cabinet du duc de Blacas et d'autres Cabinets, par Reinaud. Paris, 1828, Impr. royale, 2 vol. in-8, br.

278. L'antiquité des temps rétablie et défendue. Amsterdam, 1687, in-12, bas. — Le monde, son origine et son antiquité, par Mirabaud et Le Mascrier, Londres, 1778, in-8, d.-rel.

279. Divers mémoires hist., géog. et chronol., par de Fortia d'Urban. Paris, 2 vol. in-8, d.-rel.

280. Mémoires pour servir à l'histoire ancienne du globe terrestre, par de Fortia d'Urban. Paris, 1809, 10 vol. in-12, v. dent.

281. Histoire universelle de Justin, extraite de Trogue-Pompée, et tr. du latin par l'abbé Paul. Paris, 1774, 2 vol. in-12.

282. Histoire de la Colonie grecque établie en Corse, par Nicolaos Stéphanopoli. Paris, 1826, in-12, br.

283. Introduction à l'histoire moderne de l'Univers, par de Pufendorf, de la Martinière et de Grace. Paris, 1753 à 1759, 8 vol. in-4, v. marb.

284. Histoire universelle (moderne), tr. de l'angl. Paris, 1782. 15 vol. in-8, br.

285. Histoire générale de l'Asie, de l'Afrique et de l'Amérique, par l'abbé Roubaud. Paris, 1770 à 1775, 15 vol. in-12, v. marb.

286. Evénements les plus mémorables arrivés en 1828, par E. D. Paris, 1829, 3 vol. in-18, br.

287. Tablettes chronol., généalog. et hist. des maisons souveraines de l'Europe, par Saint-Allais. Paris, 1822, Didot, in-18, br.

288. Tertia pars Chronici Carionis a Carolo Magno, ubi Philippus Melancthon desiit usque ad Fridericum secundum. Exposita et aucta a Gasparo Peucero. Witebergæ, anno 1563, in-12, v. br.

289. Histoire ou commentaires de toutes choses mémorables advenues depuis 70 ans en ça par toutes les parties du monde, tant au fait séculier que ecclésiastic, composez premièrement par Laurens Surius, et nouvellement mis en françois par Jacq. Estourneau Xaintongeois. Paris, 1572, in-12, v. br.

290. Tableau des révolutions de l'Europe, par Kock. Paris, 1807, 3 vol. in-8, v. racine.

291. Tableau des révolutions de l'Europe dans le moyen-âge, par Kock. Strasbourg, 1790, in-8, d.-rel., contenant les 4 premières périodes.

292. Abrégé de l'histoire des traités de paix entre les puissances de l'Europe, depuis la paix de Westphalie, par Kock. Bâle, 1796, 4 tom. en 2 vol. in-8, v., fil.

293. Cours d'histoire moderne, extrait des révolutions de l'Europe, par Kock (ouvrage manuscrit), 18 vol. in-4, et 1 in-8, cart.

294. Invasions des Sarrazins en France, en Savoie, en Piémont et en Suisse, pendant les 8e, 9e et 10e siècles, par Reinaud. Paris, 1836, in-8, br.

295. Conjuration des Espagnols contre la république de Venise, et des Gracques, précédées de sept discours sur l'usage de l'histoire, par Saint-Réal. Paris, Didot, 1803, in-18, v., fil.

296. Historia delle cose successe dal principio della guerra mossa da Selim Ottomano à Venetiani, da Gio Pietro Contarini. Venetia, 1645, in-4, v. brun.

297. Histoire des guerres et des négociations qui précédèrent le traité de Westphalie, sous le règne de Louis XIII, et les cardinaux de Richelieu et de Mazarin, par le P. Bougeant. Paris,

1744, in-4, v. marb. (Ouvrage complet, quoique le titre porte tome 1er.)

298. L'Europe tourmentée par la révolution en France, etc., par L. P. Paris, décembre, 1815, in-12, d.-rel., portraits.

Histoire ancienne.

299. Abrégé chronologique de l'histoire ancienne avant Jésus-Christ, par Lacombe. Paris, 1757, in-8, d.-rel.

300. Histoire des anciens empires de l'Asie, jusqu'à la mort de Cyrus, par Plumyoen. Ypres, 1745, in-12, v. br.

301. Histoire ancienne, par Rollin. Paris, 1737, 14 vol. in-12, v. br.

302. L'Expédition de Cyrus dans l'Asie supérieure et la Retraite des dix mille, tr. du grec par Larcher. Paris, 1778, 2 vol. in-12, v.

303. Histoire des expéditions d'Alexandre, par Flave Arrien, tr. par P. Chaussard. Paris, 1802, 3 vol. in-8, parch., avec atlas, in-4.

304. Histoire d'Alexandre-le-Grand, par Quinte-Curce, tr. par Beauzée. Paris, 1781, 2 vol. in-12, v.

305. Vita di Cleopatra, regina d'Egitto, scritta dal conte Julio Laudi. Parigi, 1788, in-18, bas., fil.

Histoire romaine et du Bas-Empire. — Histoire ecclésiastique.

306. Abrégé de l'histoire romaine, de L.-A. Florus, tr. par l'abbé Paul. Paris, 1773, in-12, v. marb.

307. Histoire d'Hérodien, tr. du grec par l'abbé Mongault. Paris, 1700, in-12, v. br.

308. Histoire des révolutions de la république romaine, par Vertot. Paris, 1752, 3 vol. in-12, v. fauve.

309. Histoire romaine, par Xiphilin, Zonare et Zozime, tr. du grec par Cousin. Paris, 1678. in-4, v. br.

310. Vies des empereurs Tite-Antonin et Marc-Aurèle, par Gautier de Sibert. Paris, 1769, in-12, bas.

311. Vie de l'empereur Julien, — Histoire de l'empereur Jovien, et traduction de quelques ouvrages de l'empereur Julien. — Deux ouvrages par De Lablèterie. Paris, 1775 et 1776, 2 vol. in-12, bas.

312. Histoire du droit canonique, par Doujat. Paris, 1675, in-12, v. br.

313. Histoire des souverains pontifes qui ont siégé à Avignon, par Tessier. Avignon, 1774, in-4, d.-rel.

Histoire de France.

314. Histoire de France depuis l'établissement de la monarchie jus-qu'au règne d'Henri IV inclus, (1610), par Velly, Villaret, Gar-nier et Dufau. Paris, 1775 à 1821, 40 tomes en 20 vol. in-12, v., fil.

315. Testament politique du maréchal de Belle-Ile, par Chevrier. Amsterdam, 1761, in-12, d. rel.

316. Manuscrit de l'an III (1794-1795), contenant le tableau des derniers événements du régime conventionnel, par le baron Fain. Paris, 1828, in-8, d.-rel.

317. Réponse de Carnot au rapport fait sur la conjuration du 18 fructidor, par J.-Ch. Bailleul. Paris, an VI, in-12, v. porph.

318. Essai sur l'histoire de Provence. Marseille, 1785, 2 vol. in-4, v.

319. Recherches concernant les droits du pape sur la ville et l'État d'Avignon, par C.-F. Pfeffel. Paris, 1768, in-8, v. fauve.

320. Recherches sur la Bretagne, par Delaporte. Rennes, 1819, 2 vol. in-8, br.

321. Histoire de la réunion de la Bretagne à la France, par l'abbé Irail. Paris, 1764, 2 tomes en 1 vol. in-12, bas.

322. Mémoire sur différentes choses, racontées par l'archevêque d'Aix (Daniel de Cosnac), par ***, manuscrit in-8, v. br.

Histoire des différents États de l'Europe.

323. La guerra della penisola. Italia, 1816, in-8, dem.-rel.

324. Histoire des rois des Deux-Siciles de la maison de France, par d'Egly. Paris, 1741, 4 vol. in-12, v. fauve.

325. Histoire de Charles-Quint, par Robertson. Amsterdam, 1771, 6 vol. in-12, v. éc.

326. Théâtre de la guerre présente en Allemagne. Paris, 1758, 2 tomes en 1 vol. in-12, cart.

327. Vie de Frédéric II, roi de Prusse. Strasbourg, 1788, 4 vol. in-8, bas.

328. Lettres sur la Silésie, écrites en 1800 et 1801, par J. Quincy Adams, tr. de l'anglais par J. Dupuy. Paris, 1807, in-8, dem.-rel.

329. Histoire générale des Pays-Bas. Bruxelles, 1743, 4 vol. in-12, v. brun, fig.

330. Mémoires historiques et inédits sur les révolutions arrivées en Danemarck et en Suède, de 1770 à 1772, par l'abbé Roman. Pa-ris, 1807, in-8, br.

331. Histoire de la dernière révolution de Suède, par J. Lescène-Desmaisons. Amsterdam, 1781, in-12, v. marb.

332. Histoire de Charles XII, roi de Suède, avec l'histoire de l'empire de Russie sous Pierre-le-Grand, par Voltaire. Genève, 1771, in-12, bas.

334. Histoire de l'ambassade à Varsovie en 1812, par de Pradt. Paris, 1815, in-8, br.

335. Histoire de J. Sobieski, roi de Pologne, par Coyer. Paris, 1761, 3 vol. in-12, v. fauve, fil.

336. Histoire de Russie, par Levêque. Paris, 1782, 5 vol. in-12, veau.

337. Annales de la petite Russie, tr. du russe par Schérer. Paris, 1788, in-8, d.-rel.

338. Histoire de Catherine II, par S. Castéra. Paris, an viii, 4 vol. in-12, dem.-rel.

339. Histoire des révolutions d'Angleterre, par le P. d'Orléans. Paris, 1762, 4 vol. in-12, v. marb.

340. Abrégé chronol. de l'histoire d'Espagne, par Désormeaux. Paris, 1758, 5 vol. in-12, v.

341. Histoire des révolutions d'Espagne. La Haye, 1724, 5 vol. in-12, v. br.

342. Histoire du royaume de Majorque, par d'Hermilly. Maëstricht, 1777, in-4, bas.

343. Gouvernement de Charles III, roi d'Espagne, tr. par Muriel. Paris, Crapelet, 1839, in-8.

344. Mémoires historiques sur la révolution d'Espagne, par de Pradt. Paris, 1816, in-8, br.

345. Mémoires pour servir à l'histoire de la révolution d'Espagne, par Nellerto. Paris, 1814 et 1819, 5 vol. in-8, br.

346. Coup d'œil sur Lisbonne et Madrid, en 1814, par d'Hautefort. Paris 1820, in-8, br.

347. Histoire de Portugal depuis l'an 1496, trad. du latin de Jérôme Osorius et de Lopez Castagnède, par Simon Goulard de Senlis. Paris, 1581, 2 vol. in-12, v. brun.

348. Histoire du détrônement d'Alphonse VI, roi de Portugal, par Robert Southwel, tr. de l'anglais. Paris, 1742, 2 vol. in-12, bas.

349. Tableau de l'empire ottoman, par l'abbé Delaporte. Francfort, 1757, in-12, v. fauve.

350. Histoire de l'empire ottoman, par l'abbé Mignot. Paris, 1771, v. marb., fil.

351. Histoire de l'empire ottoman, par Démétrius Cantimir, tr. par de Joncquières. Paris, 1743, 2 vol. in-4, v. fil.

352. Réflexions hist. et polit. sur l'empire ottoman, suivies des notes du P. Sicard sur les antiquités de l'Égypte, par C. L. Digeon. Paris, 1802, in-8, d.-rel.

353. Historia universale dell'origine et imperio de Turchi ; raccolta da Francesco Sansouino. In Venetia, 1568, petit in-4, v. fauve, fil.

354. Etat présent de l'empire ottoman, trad. de l'anglais de Ricaut par Bespier, avec fig. Paris, 1677, 2 vol. in-12, v. br.

355. Etat présent de la puissance ottomane, par du Vignau. Paris, 1687, in-12, v. br.

356. L'état présent de la Turquie, par Michel Febvre. Paris, 1675, in-12, v. br.

357. Essais de géographie, de politique et d'histoire sur les possessions des Turcs en Europe, par du Vernois. Londres, 1785, in-8, v., fil.

358. Considérations sur la guerre actuelle des Turcs, par Volney. Londres, 1788. — Examen de l'ouvrage précédent, par de Peyssonel. Amsterdam, 1788 ; les deux en 1 vol. in-8, v.

359. Révolutions de Constantinople en 1807 et 1808, par Juchereau de Saint-Denys. Paris, 1819, 2 tomes en 1 vol. in-8, d.-rel.

360. Etat actuel de la Turquie, de la Moldavie et de la Valachie, par Th. Thornton, trad. de l'anglais par de Saucé. Paris, 1812, 2 vol. in-8, dem.-rel.

361. Histoire de la Moldavie et de la Valachie, par Carra, augmentée par de Baur. Neufchâtel, 1781, in-12, dem.-rel.

362. L'Illyrie et la Dalmatie, trad. de l'allemand du Dr Hacquet, par Breton. Paris, 1815, 2 tomes en 1 vol. in-18, dem.-rel. fig.

363. Histoire des anciens ducs et autres souverains de l'Archipel. Paris, 1698, in-12, v. br.

364. Mémoires sur la Grèce et l'Albanie pendant le gouvernement d'Ali-Pacha, par Ibrahim Mansour Effendi, avec portrait. Paris, 1828, in 8, dem.-rel.

Histoire des diverses stations de l'Asie.

365. De l'Asie, ou Considérations religieuses, philosophiques et littéraires sur l'Asie, par Mme V... de C.... Paris, 1832, 4 vol. in-8, br.

366. Recherches curieuses sur l'histoire ancienne de l'Asie, par Chahan de Cirbied et F. Martin. Paris, 1806, in-8, br.

367. Mémoires relatifs à l'Asie, recherches sur les peuples de l'Orient, par J. Klaproth, ornés de cartes et de planches. Paris, 1824 à 1826, 2 vol. in-8, d.-rel.

368. Tableau historique de l'Orient, par le chevalier M... D... (Mouradgia d'Ohsson). Paris, Didot jeune, 1804, 2 tom en 1 vol. in-8, parch. vert.

369. Bibliothèque orientale, ou Dictionnaire universel contenant tout ce qui fait connaître les peuples de l'Orient, par d'Herbelot, avec des corrections et des additions, par Schultens. La Haye, Neaulme, 1777–1779, 4 vol. in-4, parch.

370. Histoire générale des Huns, des Turcs, des Mogols, etc., ouvrage tiré des livres chinois et des manuscrits orientaux, par Deguignes. Paris, 1756, 5 vol. in-4, veau marb.

371. Abulfedæ Annales muslemici, arabice et latine, opera et studiis J.-J. Reiskii, edidit J.-F. Adler. Copenhague, 1789 à 1794, 5 vol. in-4, cart.

372. Historia Orientalis, auctore Gregorio Abul-Pharajio, arabice edita et latine versa, ab Eduardo Pocockio. Oxoniæ, 1672, petit in-4, v. brun.

373. Supplementum Historiæ Dynastiarum, in quo Historiæ Orientalis series à Gregorio Abul-Pharajio, ab Edwardo Pocockio. Oxoniæ, 1663, petit in-4, v. brun.

374. Historia Saracenica, (trad. latine par Thomas Erpenius de l'Histoire musulmane d'Elmacin). Lugduni Batavorum, 1625, apud Elzevirios, in-8, d.-rel.

375. Histoire des Sarrazins, trad. de l'anglais de Simon Ockley, par Jault. Paris, 1748, 2 vol. in-12, v., fil.

376. Anecdotes orientales (par Mentelle et ....). Paris, 1773, 2 vol. in-12, mar., fil.

377. Nouveaux Contes turcs et arabes, avec un abrégé de l'Histoire Ottomane et des morceaux de poésie et de prose, trad. de l'arabe et du turc, par Digeon. Paris, 1781, 2 tom. en 1 vol. in-12, v. marb.

378. Anecdotes arabes et musulmanes, depuis l'an de J.-C. 614 jusqu'en 1538, par de la Croix. Paris, 1772, in-12, v. marb.

379. Histoire de l'Ordre des assassins, par J. de Hammer, trad. de l'allemand par J.-J. Hellert et P.-A. de Lanourais. Paris, 1833, in-8, br.

380. Histoire du Mahométisme, par Ch. Mills, trad. de l'anglais par P.... Paris, 1825, in-8, d.-rel.

381. Histoire des Wahabis, depuis leur origine jusqu'à la fin de 1809, par L.-A. Corancez. Paris, Crapelet, 1810. — Mémoire sur les trois plus fameuses sectes du musulmanisme, par Rousseau. Paris, 1818, 2 tom. en 1 vol. in-8, d.-rel.

382. Histoire du sultan Saladin, par Marin. La Haye, 1758, 2 vol. in-12, bas.

383. Histoire des Rois de Chypre de la maison de Lusignan, trad. de l'italien de Lorédan. Paris, 1732, 2 vol. in-12, v. brun.

384. Histoire de l'Égypte sous le gouvernement de Mohammed-Aly jusqu'en 1838, par Félix Mengin. Paris, 1823 à 1838, 3 vol. in-8, d.-rel.

385. Mémoires hist. et géogr. sur l'Arménie, par Saint-Martin. Paris, 1818, Impr. roy., 2 vol. gr. in-8, pap. vél., v. bleu, nerfs, fil.

386. État présent de l'Arménie, par le P. Fleuriau. Paris, 1694, in-12, v. brun.

387. Chronique géorgienne, trad. par Brosset J., avec le texte géorgien. Paris, Impr. roy., 1830. — Relations diplomatiques de la Géorgie avec la France, par le même. Paris, 1832, Impr. roy., 1 vol. gr. in-8, d.-rel.

388. Persicarum rerum historia, auctore P. Bizaro sentinate. Antverpiæ, Plantini, 1683, petit in-fol., cart.

389. Mémoires sur diverses antiquités de la Perse et sur les médailles des rois sassanides, suivis de l'Histoire de cette dynastie, trad. du persan de Mirkhond, par Silvestre de Sacy. Paris, Impr. nat., 1793, in-4, d.-rel.

390. Histoire de la Perse, trad. de l'angl. de sir John Malcolm, par Benoit. Paris, 1821, 4 vol. in-8, d.-rel., carte et pl.

391. Notice historique sur la Perse ancienne et moderne, par Rousseau. Marseille, 1818, in-8, brochure de 80 pages.

392. Histoire de la dernière révolution de Perse, rédigée par le P. Ducerceau, d'après le P. Krusinski. Paris, 1728, 2 vol. in-12, v. brun.

393. Histoire de Perse depuis le commencement de ce siècle, par... (*La Mamye Clairac*). Paris, 1750, 3 vol. in-12, v. fauve.

394. Essai sur les troubles actuels de la Perse et de la Géorgie, par de Peyssonnel. Paris, 1754, in-12, br.

395. Notices sur l'état actuel de la Perse, en persan par Zadour, et en arménien et en français par Cirbied et Langlès. Paris, Impr. roy., 1818, in-18, mar. r., dent., tr. dor.

396. L'illustre Paysan, ou Mémoires et aventures de Daniel Moginié, contenant des particularités historiques sur la Perse et l'Indostan. Lausanne, 1761, in-12, v.

397. Recherches historiques sur la connaissance que les anciens avaient de l'Inde, trad. de l'angl. de W. Robertson. Paris, 1792, 1 vol. in-8, v., cartes.

398. Description historique et géographique de l'Inde, d'après Tieffenthaler, Anquetil-Duperron et Rennell, par Bernouilly. Berlin,

1786, in-4, br., 3 parties formant 5 vol. (il manque le dernier),
cartes et fig.

399. Recherches historiques et géographiques sur l'Inde (2ᵉ partie),
par Anquetil-Duperron. Berlin, 1787, in-4, cart., non rog., cartes.

400. Manava-Dharma-Sastra, lois de Manou, trad. du sanscrit par
Loiseleur Deslongchamps. Paris, Crapelet, 1833, gr. in-8, pap.
vél., d.-rel.

401. Histoire générale de l'Inde ancienne et moderne, par de Mar-
lès. Paris, 1828, 6 vol. in-8, br., cart.

402. Histoire des Indes orientales et occidentales, par le P. Maffée,
trad. du latin en français. Paris, 1665, 1 vol. in-4, v. brun.

403. Histoire générale de l'empire du Mogol, d'après les mémoires
portugais de Manouchi, par le P. Catrou. Paris, 1715, 4 vol.
in-12, v. brun.

404. Histoire des Guerres de l'Inde, depuis 1745 jusqu'en 1756
(trad. de l'angl. d'Orme par Targe). Amsterdam, 1765, 2 vol.
in-12, v. marb.

405. Treaties and grants from the country powers to the East
India Company, from the year 1756 to 1772. Printed 1774, 1
vol. in-4, v.

406. Affaires de l'Inde, depuis 1756 jusqu'en 1783, trad. de l'angl.
par Soulès. Londres et Paris, 1788, 2 tom. en 1 vol. in-8, d.-rel.

407. Mémoires relatifs à l'état de l'Inde, par Hastings, trad. de
l'anglais. Paris, 1788, in-8, br.

408. L'Anglais aux Indes, d'après Orme, par J.-W. Archenholtz.
Lausanne, 1791, 3 vol. in-12, bas.

409. Mémoires sur l'Indoustan, par Gentil. Paris, 1822, 1 vol. in-8,
br., fig. et carte.

410. Histoire de Tamerlan, empereur des Mogols, par le P. Mar-
gat. Paris, 1739, 2 vol. in-12, v. marb.

411. Instituts politiques et militaires de Tamerlan, trad. en franç.
sur la version persane d'Abou-Taleb-al-Hosséïni, par Langlès.
Paris, 1787, in-8, d.-rel.

412. Histoire de Timur-Bec, ou Tamerlan, par Cherefeddin-Ali,
trad. du persan par Petis de la Croix. Paris, 1722, 4 vol. in-12,
v. brun.

413. Histoire du grand Genghizcan, par Petis de la Croix. Paris,
1710, in-12, v.

414. Parallèle de l'expédition d'Alexandre dans les Indes avec la
conquête des mêmes contrées par Thamas-Kouli-Khan, par de
Bougainville. Paris, 1752, in-12, v.

415. Histoire de l'empire de Mysore sous les règnes d'Hyder-Aly

et Tippoo-Saeb, par Michaud. Paris, 1801 à 1809, 2 tom. en 1 vol.
in-8, parch.

416. Histoire d'Ayder-Ali-Khan, par Maistre de la Tour. Paris,
1783, 2 vol. in-12, v.

417. Vie d'Haïder-Aly-Khan, par Robson, trad. de l'anglais. Paris,
1787, in-12, d.-rel.

418. Révolution de l'Inde pendant le 18ᵉ siècle, ou Mémoires de
Typoo-Zaeb, sultan de Maïssour, trad. de la langue indostane par
Fantin Desodoards. Paris, 1796, 2 vol. in-8, br.

419. Événements intéressants relatifs au Bengale et à l'empire de
l'Indostan, par Holwell, trad. de l'anglais. Amsterdam, 1768, 2
vol. in-8, v.

420. État civil, politique et commerçant du Bengale, tr. de l'angl.
de Bolts, par Demeunier. La Haye, 1775, in-8, d.-rel.

421. Lettres sur le Bengale, par F. Deville. Paris, 1826, in-18, br.

422. Les Marattes, ou Mœurs, usages et costumes de ce peuple,
par Th. Duer Brougthon, tr. de l'angl. par Breton. Paris, 1817,
2 vol. in-18, cart., fig.

423. Ceylan, ou Recherches sur les Chingulais, par Ed. Gauttier.
Paris, 1823, in-18, d.-rel., fig.

424. Histoire de Sumatra, par W. Marsden, trad. de l'anglais par
Parraud. Paris, 1788, 2 vol. in-8, v., fil.

425. Tableau du royaume de Caboul et de ses dépendances, par
Elphinstone, trad. et abrégé de l'angl. par Breton. Paris, 1817,
3 tom. en 2 vol. in-8, d.-rel., fig.

426. Histoire généalogique des Tartares, trad. d'Abulgasi, par Ben-
tinck. Leyde, 1726, in-18, d.-rel.

427. Description historique du royaume de Maçaçar, par Gervaise.
Paris, 1688, in-12, v.

428. Histoire naturelle, civile et ecclésiastique de l'empire du Japon, par Kaempfer, tr. de l'allem. en angl. par Scheuckzer, et
de l'angl. en franç. Amsterdam, 1732, 3 vol. in-12, v.

Histoire de l'Afrique et de l'Amérique.

429. Relations des anciens peuples de l'Afrique, tr. de l'allem. de
Heeren, par Désaugiers. Paris, an VIII, in-8, d.-rel.

430. Anecdotes africaines, par Dubois-Fontanelle. Paris, 1775,
in-12, bas.

431. Histoire de l'Afrique et de l'Espagne sous la domination des
Arabes, par Cardonne. Paris, 1765, 3 vol. in-12, v. fil.

432. Histoire des chérifs et des royaumes de Maroc, Fez et Taru-

dant, tr. de l'espagnol de Diego de Torrès, par Charles de Valois, duc d'Angoulême. Paris, 1636, in-4, v. br.

433. Recherches sur les Maures et sur l'empire de Maroc, par Chénier. Paris, 1787, 3 vol. in-8, bas. fil.

434. Evénements du Maroc, de 1727 à 1737. Paris, 1742, in-12, v. fauve.

435. Histoire de Mouley Ismaël, roi de Maroc, etc., par le P. Busnot. Rouen, 1714, in-12, v. br.

436. Histoire de l'Afrique française, par l'abbé Demanet. Paris, 1767, 2 vol. in-12, v. marb.

437. Lettre à l'abbé Raynal sur les affaires de l'Amérique septentrionale, par Th. Payne, tr. de l'angl. 1782, in-8, v.

438. Complot d'Arnold et de sir Henri Clinton contre les Etats-Unis et contre le général Washington, par Barbé-Marbois. Paris, Didot, 1816, in-8, v. fil.

Biographie et Dictionnaires historiques.

439. Les Vies des hommes illustres, grecs et romains, par Plutarque, trad. par J. Amyot, avec sommaires, annotations morales en marges, etc., le tout recueilli et disposé par S. G. S. (Simon Goulard de Senlis). Paris, 1594 à 1600, 2 forts vol. in-12. — Exemplaire réglé, ancienne reliure en parchemin blanc, fleurdelisé.

440. Biographie des hommes vivants (Biographie de Michaud). Paris, 1819, 5 vol. in-8, br.

441. Préservatif contre la Biographie nouvelle des Contemporains, par Fortia de Piles. Paris, 1822-1825, 2 vol. in-8, v.

442. Biographie des étrangers célèbres. Paris, 1819, 2 vol. in-8, parch.

443. Biographie des députés de la Chambre septennale, de 1824 à 1830, par Massey de Tyronne. Paris, 1826, in-8, v. fil. Lettre aut. de l'auteur.

444. Galerie historique des acteurs du Théâtre-Français, par Lemazurier. Paris, 1810, 2 vol. in-8, d.-rel.

445. Statistique des gens de lettres et des savants existant en France, par Guyot de la Fère. Paris, 1837, in-8.

446. Dictionnaire hist. des musiciens, par Choron et Fayolle. Paris, 1810, 2 vol. in-8, br.

447. Dictionnaire hist. de tous les ministres, depuis la révolution jusqu'en 1827, par Léonard Gallois. — Biographie des généraux,

ministres, etc., par Saint-Edme, 2 ouvrages. Paris, 1828 à 1829, 2 vol. in-8, br.

448. Examen critique et complement des Dictionnaires historiques, par Barbier. Paris, 1820, in-8, cartonné. (Les autres volumes n'ont pas paru.)

449. Annuaire nécrologique, par A. Mahul. Paris, 9 vol. in-8, br. (années 1820 à 1826, et partie de 1827).

450. Dictionnaire des Girouettes, par le comte de Proisy d'Eppe. — Le Censeur du Dictionnaire des Girouettes, par C. D. — Dictionnaire des Immobiles, par Beuchot, 3 ouvrages. Paris, 1815, 2 vol. in-8, d.-rel.

451. Chronique indiscrète du XIXe siècle, par Lahalle, Roquefort, etc. Paris, 1825, in-8, d.-rel.

452. Histoire des grands-visirs Mahomet Coprogli-Pacha et Achmet Coprogli-Pacha. Paris, 1716, in-12, v.

453. Elogio de Antonio Ricardos, Carrillo de Albornoz, par Martinez de Hervas. Madrid, 1795, in-4 de 27 pag., mar. dent. tr. dor., portrait.

454. Histoire de Blanche de Castille, par Mlle Vauvilliers. Paris, 1841, 2 vol. in-8, d.-rel.

455. Notice sur la vie et les ouvrages de René Caillié, par Jomard. Paris, 1839, in-8, d.-rel., port.

456. Vie du brave Crillon, par l'abbé de Crillon. Paris, 1826, in-12, br.

457. Georges III, sa cour et sa famille, tr. de l'angl. Paris, 1823, in-8, br.

458. Vie de Clovis, par l'abbé Viallon ; — de Henri IV, par H. de Péréfixe ; — de Turenne, par Raguenet, 3 ouvrages. Paris, 1788, 1776 et 1787, 3 vol. in-12, reliés.

459. Vie de la comtesse de Lamotte, écrite par elle-même. Paris, an Ier, 2 vol. in-8, br.

460. Madame de Maintenon peinte par elle-même. Paris, 1810, in-8, bas.

461. Vie de Molière, par Grimarest. Paris, 1705, in-12, v.

462. Vie de l'imposteur Mahomet, par Prideaux. Paris, 1699, in-12, v.

463. Eloge de l'abbé Poulle. Avignon, 1783, in-8, d.-rel.

464. Histoire de René d'Anjou, roi de Naples, par de Villeneuve-Bargemont. Paris, 1825, 3 vol. in-8, br., avec portr., vues, fac-simile et musique.

465. Vie de Rivarol, par La Platrière. Paris, 1802, 2 vol. in-12, br.

466. Histoire du comte de Tekeli (attribué à Leclerc). Cologne. 1693, in-12, v.

467. Essai sur la vie de Thomas, par Delcyre. Paris, 1791, in 8, demi-rel.

468. Panégyrique de Trajan, par Pline le jeune, trad. par de Sacy. Paris, 1722, in-18, v.

Histoire littéraire et des Académies, Bibliographie et Journaux.

469. Mémoires littéraires, par Palissot. Paris, Crapelet, 1803, 2 vol. in-8, bas. fil.

470. De la littérature des Turcs, par l'abbé Toderini, trad. de l'ital. par de Cournand. Paris, 1789, 3 vol. in-8, bas.

471. Mémoires littéraires, par Favart, Mlle Dumesnil et Ch. Collé, 3 ouvrages. Paris, 1808, an VII et 1805, 5 vol. in-8, reliés.

472. Statistique des lettres et des sciences en France, par Guyot de la Fère. Paris, in-8, br.

473. Histoire des membres de l'Académie-Française, morts de 1700 à 1771, par d'Alembert. Paris, 1787, 6 vol. in-12, v.

474. Eloges des membres de l'Académie des Sciences, morts depuis 1699, par Fontenelle. Paris, 1766, 2 vol. in-12, v.

475. Histoire et Mémoires de l'Académie des Inscriptions et Belles-Lettres, depuis 1700 jusqu'en 1776. La Haye et Amsterdam, 1718 à 1743, et Paris, 1751 à 1781, 101 vol. in-12, d.-rel.

476. De mes rapports avec J.-J. Rousseau, par J. Dusaulx. Paris, Didot, 1798, in-8, parch., pap. vél.

477. Notices et extraits des manuscrits de la Bibliothèque Royale. Paris, Imprimerie Royale, 1787 à 1789, 2 vol. in-4, br.

478. Système général de bibliographie alphabétique, par de Fortia d'Urban. Paris, 1819, in-12, v. fil. — Dictionnaire portatif de bibliographie, par Fournier. Paris, 1809, in-8, relié.

479. Dictionnaire des ouvrages anonymes et pseudonymes français et latins, par A. Barbier. Paris, 1822 à 1827, 4 vol. in-8, d.-rel. —Recueil d'ouvrages anonymes et pseudonymes, par de Manne. Paris, 1834, in-8, d.-rel.

480. Journal de la librairie, de 1828 à 1830, avec tables. Paris, 5 vol. in-8, d.-rel.

481. I manoscritti italiani della Regia Bibliotheca parigina e delle

tre bibliotheche, l'Arsenale, Santa-Genovefa, la Mazarina.—Descritti et illustrati dal dottore Ant. Marsand. Parigi, Stamp. Reale, 1835-1838, 2 vol. in-4, moire, non rogné.

482. Table alphabétique du *Moniteur*, de 1787 à 1799. Paris, 1802, 2 tom. en 1 vol. in-fol., d.-rel.

483. Journal asiatique, mémoires relatifs à l'Orient. Paris, 1822 à 1842, 41 tomes en 34 vol., d.-rel.

AUTOGRAPHES ET FAC-SIMILE.

Une lettre de madame de Maintenon et deux du cardinal de Fleury.

Un grand nombre de lettres et autres pièces portant la signature de personnages célèbres, savoir :

François Ier, Louis XIII, Louis XV et Louis XVI;

Les cardinaux d'Amboise, Duprat, d'Ossat et Alberoni;

Jacques Amyot, Massillon, Mascaron;

Colbert, Le Tellier, de Lamoignon, Mathieu Molé;

Gaspard de Tavannes, le maréchal de Biron, les ducs de Grammont et de Vendôme, le grand Condé, Turenne;

Lebrun, Mignard, Jouvenet, Girardon, Coustou, Lully, etc.

200 Exemplaires *fac-simile* d'une lettre curieuse de Lesage.

9929   IMPRIMERIE MADGE ET RENOU, RUE RAILLEUL, 9 ET 11.